AF503655

MAXIMES,

SENTENCES,

ET

REFLEXIONS

MORALES

ET POLITIQUES.

A PARIS,

AV PALAIS

Chez ESTIENNE DU CASTIN, dans
la Gallerie des Prisonniers, à l'Image
Saint Pierre.

M. DC. LXXXVII.

AVEC PRIVILEGE DU ROY.

A MONSEIGNEUR
MONSEIGNEUR
LE MARQUIS
DE
SEIGNELAY,
MINISTRE,
ET SECRETAIRE
D'ESTAT.

MONSEIGNEVR,

Ces maximes de Mo-

EPISTRE.

rale, & de Politique,
ont tant de raport avec
vos excellentes qualitez,
& vos illustres Employs,
que je ne puis leur don-
ner un plus grand éclat,
qu'en leur choisissant pour
Protecteur Celuy qui en
est le parfait modelle.
Vous n'y trouverez rien,
MONSEIGNEUR,
qui vous soit nouveau,
parce que vous n'ignorez,
rien de tout ce que doit
sçavoir un grand Mi-
nistre. C'est aussi ce qui

vous fait ſi fort conſiderer par le plus ſage Prince du Monde. Il retrou-
ve en vous cette vaſte
capacité de Genie, cette
merveilleuſe étenduë de
connoiſſance , & cette
ſurprenante facilité dans
les affaires qu'il avoit
ſi ſouvent reconnuës en la
conduite de feu MON-
SEIGNEVR voſtre
Pere. C'eſt par là que
ce grand Homme ſe fit
diſtinguer dans l'Euro-
pe, comme un Homme

EPISTRE.

d'un caractere superieur à plusieurs autres qui avoient exercé le même Ministere. C'est ce qui redoubla l'empressement de tant de personnes des plus considerables de l'Estat à entrer dans son alliance; & à le consulter comme l'Oracle de leur destinée. Mais, MONSEI-GNEUR, l'on peut dire que parmy tant de choses si glorieuses à sa memoire, rien ne luy fait plus d'honneur, que de

EPISTRE.

vous avoir laiſsé ſon eſ-
prit, & le rang qu'il te-
noit dans le Royaume.
Vous avez même ajoûté
à la Science du Cabinet,
celle de l'execution dans
les entrepriſes les plus importantes, & les plus difficiles. La Prudence, le
Secret, la Fermeté, &
la Diligence avec leſquels
vous les avez executées,
ont fait voir à tout le monde ce que vous pouviez
même dans les pays étran-

EPISTRE.

gers. C'est par vos soins, & par voftre ardeur infatigable à fuivre les Ordres du Roy, que Sa Majefté eft auffi redoutable fur la Mer, qu'elle l'a toûjours efté fur la terre. Ce MONARQUE, qui n'eft pas moins éclairé dans le choix qu'il fait de fes Miniftres, qu'il eft grand en tous fes deffeins, a trouvé en vous toutes les lumieres, la fidelité, & l'application que de-

EPISTRE.

mande la Surintendance
de la Marine, pour por-
ter aussi loin les interests
de la France, qu'il a
porté la gloire de son
Nom, & la reputation
de ses Armes. C'est l'a-
probation de ce Prince,
qui seule peut faire l'E-
loge d'un aussi grand me-
rite que le vôtre. Cette
consideration, MON-
SEIGNEUR, m'im-
pose le silence, & ne me
laisse que la liberté de

EPISTRE.

vous assurer qu'on ne peut estre avec plus de respect, & de veneration, que je suis,

MONSEIGNEUR,

Voſtre tres humble, &
tres-obeïſſant ſerviteur,
L. C. D. M.

PREFACE.

Oicy un Portrait en petit de la Morale, & dela Politique, où l'on a tâchè de renfermer les regles les plus importantes de la vie. On les a dreſſées pour aſſujettir à la raiſon les paſſions, dont le cœur de l'homme eſt agitê. Com-

me ce sujet est fort étendu, & qu'il pourroit ser-
vir de matiere à plusieurs
volumes, on s'est re-
straint aux choses les plus
necessaires. Le genie du
siecle ne permet gueres
d'en user autrement ; les
esprits sont si delicats qu'il
est mal-aisé de les satisfaire. On veut que l'utile
soit joint à l'agreable, mais
avec tant de reserve, &
de mesure, que l'on soit
content sans estre rassasié.
Pour trouver ce tempe-

PREFACE.

rament on ne peut avoir
trop d'égards , ny affez
employer ce que l'art &
l'eſtude ont de plus inge-
nieux , & de plus ſça-
vant. C'eſt dans cette
veuë qu'outre le choix des
choſes qui compoſent cét
Ouvrage , on les a re-
duites partie en Maxi-
mes , partie en Senten-
ces , & le reſte en Re-
flexions. Ceux qui ſe don-
neront la peine de les lire
doivent conſiderer que ce
ne ſont pas des Specula-

tions , ou des jeux pour exercer , ou pour divertir l'efprit ; mais des regles qu'il faut garder dans la vie , & que s'il eſt honteux à un homme , qui veut fe diſtinguer dans le monde, de ne fçavoir ny Morale ny Politique; il eſt bien plus blâmable d'en avoir la connoiſſance , & de ne montrer que du caprice & du defordre dans fa conduite.

Extraict du Privilege du Roy.

PAR Grace & Privilege du Roy, donné à Versailles, le 10. jour de Janvier 1687. Signé par le Roy Dugois. Il est permis à ESTIENNE DUCASTIN, Marchand Libraire à Paris, de faire imprimer un Livre intitulé *Maximes, Sentences & Reflexions Morales, & Politiques*, composé par M. LE CHEVALIER DE M... Et ce durant le temps & espace de six ans, à compter du jour qu'il sera achevé d'imprimer pour la premiere fois. SA MAJESTE' faisant défenses à tous Imprimeurs, Libraires & autres, de contrefaire, ny faire contrefaire ledit Livre, sous quelque pretexte que ce puisse estre, mesme d'impression estrangere, à peine de mille livres d'amende, confisquation des Exemplaires, & de tous dépens, dommages & interests, à la charge d'en mettre deux exemplaires en noſtre Bibliotheque publique, un celle du Cabinet des Livres de noſtre Chaſteau du Louvre, & un en celle de noſtre tres-cher, & feal le Sieur BOUCHERAT, Chancelier de France, de faire imprimer ledit Livre en beau caractere & papier, conformement aux Reglemens, ainſi qu'il eſt plus au long contenu eſdites Lettres.

Regiſtré ſur le Livre de la Communauté des Libraires & Imprimeurs de Paris, le quinziéme Ianvier 1687.

Signé, ANGOT.

Les Exemplaires ont eſté fournis.

Et ledit Du CASTIN a cedé & tranſporté ſon droit pour la moitié du preſent Privilege à GUILLAUNE CAVELIER. auſſi Marchand Libraire à Paris, pour en joüir ſuivant & conformément au Traité fait entre eux.

REFLEXIONS

MAXIMES,

SENTENCES,

ET

REFLEXIONS

Morales & Politiques.

I.

L A MORALE ne nous oste pas les inclinations na-turelles: non plus que les paſſions, mais elle

A

corrige les vitieuſes, & en forme des vertus.

2.

C'eſt la raiſon qui per-ſuade les vertus, comme la Foy eſtablit la Religion, & la Loy le devoir.

3.

La raiſon n'eſt pas toû-jours ce qui perſuade ; il eſt de l'adreſſe de gagner les eſprits ſuivant le foible de leur opinion.

4.

Nous paroiſſons aſſez

courageux quand tout nous vient à souhait , mais le moindre déplaisir fait voir ce que nous sommes.

5.

Il n'est pas juste, dit Platon , que les Dieux changent les ordres secrets , & inconnus de leur providence pour nous satisfaire; c'est à nous en vivant bien de rendre heureuse nostre destinée , une vie exempte de reproche , l'est toûjours de malheur.

6.

La veritable Morale sert à ne souffrir du mal, que ce qui est mal, sans y mesler une douleur imaginaire, & à ne gouster du bien, que ce qui est bien, sans y faire entrer des douceurs qui ne furent jamais.

7.

La consideration de ce qui est honneste, & de ce qui ne l'est pas, doit faire toute l'estude, & toute la conduite de nostre vie.

8.

La pluſpart de ceux qui s'efforcent de ſe diſtinguer du coſté de l'honneſteté, ſont plus excitez par les agréemens qui en ſont inſeparables, que par la ſatisfaction de n'avoir rien à ſe reprocher.

9.

Tous les hommes ſont inparfaits & le plus accomply, c'eſt celuy qui a moins de deffaut.

10.

Il y a des gens qui aiment mieux demeurer dans leurs deffauts, que de se donner la peine de les corriger.

11.

Pour reparer la perte du temps passé, il faut bien employer le present, & ne souhaitter l'avenir que pour en faire un bon usage.

12.

Une grande dignité est une grande servitude.

13.

Il faut aimer fa reputa-
tion plus que fa propre vie,
celle-cy eſt malheureuſe, ſi
l'autre n'eſt grande.

14.

L'honneur n'eſt pas toû-
jours le prix du merite , il
eſt auſſi ſouvent le partage
du crime que la recompen-
ſe de la vertu.

15.

Les vertus éclatantes
font l'éclat des honneſtes
gens , comme la fleur fait

le luftre des fruits qui la
portent.

16.

Les maux tournent en
biens aux perfonnes ver-
tueufes, & les vitieufes fouvent changent les biens en
maux.

17.

C'eft une extréme folie
de ne vouloir point ce que
Dieu veut, & de vouloir ce
qu'il ne veut pas.

18.

Les hommes font d'ordi-

naire auſſi curieux de ſçavoir la vie d'autruy , que
negligens de corriger la
leur propre.

19.

Le Ciel pour mieux cha-
ſtier les coupables, les laiſſe
regner quelque temps.

20.

Ce n'eſt pas la crainte de
la peine qui doit rendre
l'homme bon , mais l'a-
mour de la Juſtice.

21.

La perfe´tion de la Juſti-

22.

ce confiste à aimer beau-
coup les chofes grandes , &
peu les petites.

23.

Il ne faut jamais rien
faire dont on puifle avoir
regret ; celuy qui prevoit le
repentir qui doit fuivre fon
action , fe rend deux fois
coupable avant que de
l'eftre une feule.

24.

On excufe les fautes qui
fe commettent fans y pen-

fer, quoy que c'en foit une nouvelle , & mefme tres-grande que de n'y penfer pas.

24.

Celuy qui penfe à tout ce qu'il fait, ne fait jamais rien qu'à propos , le mal-heur du fuccez vient d'ordinaire de n'y pas avoir penfé.

25.

Un homme d'honneur ne fait jamais rien qui ne foit digne d'eftre fait en pu-blic ; foit qu'il ait des té-moins , ou qu'il n'en ait

pas , sa presence le justi-
fie par tout des reproches
qu'on luy pourroit faire.

25.

Caton se prenoit toûjours
à témoin luy-mesme , con-
tre luy-mesme , pour ne
rien faire indigne de luy.
Comme son nom estoit son
espion domestique , il luy
faisoit prendre garde à tout
ce qu'il faisoit pour en éviter la censure.

26.

Il faut toûjours espar-
gner les deffauts d'autruy ,

& jamais les fiens.

27.

Le fruit de la faute eft la douleur, & celuy des bonnes actions le plaifir.

28.

Les Grands ne fçauroient rendre leurs fautes illuftres, quoy qu'ils penfent quelquefois les rendre excufables ; elles ne font jamais plus laides, que lorfqu'elles approchent de la grandeur. On peut ailleurs les cacher, mais elles paroiffent avec toutes leurs

difformitez dans un lieu
qui eft regardé de tout le
monde.

29.

Quand un homme ne
veut plus faire de faute, le
Repentir de celles qu'il à
faites luy fert d'excufe, &
de lumiere pour n'en plus
commettre.

27.

Ce qui paroift generofité
n'eft fouvent qu'une ambition deguisée qui méprife
de petits interefts pour aller à de plus grands.

31.

Une ame se peut dire ge-
nereuse, quand elle prend
plus de plaisir à donner qu'à
recevoir.

32.

Vne belle ame ne tient
jamais conte de ses bien-
faits, l'oubli en augmente
le merite, & le souvenir
en diminuë la gloire.

33.

La vraye generosité con-
siste à faire plaisir sans esperance de revanche.

34.

Quand le cœur devance la main à nous faire un preſent nous en recevons deux à la fois , & nous en ſommes doublement redevables.

35.

Comme le zele eſt beau-coup plus conſiderable que l'action qui le ſuit , c'eſt à luy à qui nous en devons la premiere reconnoiſſance.

36.

Il faut recevoir les choſes avec le meſme eſprit qu'on
les

les donne , & moins con-
siderer leur valeur que la
maniere de les donner.

37.

S'il y a de la gloire a
faire un present , il y en a
souvent davantage à le
refuser.

38.

Celuy qui ne pense qu'à
recevoir , oublie aisément
les choses qu'il a receuës ,
il cesse d'en tirer du plaisir
quand il en jouit, & ayant
toutes ses pensées dans l'a-
venir, il se croit malheureux

au milieu de toutes ses
richesses.

39.

La plufpart des biens-
faits reffemblent aux fleurs
qui n'ont d'odeur qu'au-
tant qu'elles ont de nou-
veauté. Elles ceffent d'eftre
agreables fi-toft qu'elles ne
font plus nouvelles.

40.

Il y a de la difference
entre le bienfaiteur & celuy qui reçoit le bienfait :
que le premier ne s'en doit
point fouvenir , ny le

second en perdre jamais la
memoire.

41.

Il y a des manieres d'ac-
corder les graces, qui sont
plus insuportables que le
refus.

42.

Les bien-faits accompa-
gnez d'orgueil sont souvent
payés de haine.

43.

L'orgueil ne reussit jamais
mieux que quand il se
couvre de modestie.

44.

Ceux qui font profession de méprifer la vaine gloire fe glorifient fouvent de ce mépris avec encore plus de vanité.

45.

L'orgueilleux a le malheur de deplaire à tout le monde, & de ne plaire qu'à luy mefme.

46.

L'orgueil eft une enflure de cœur qui ne gâte pas moins toutes les bonnes qualités de l'efprit , que l'enflure de l'eftomach al-tere toutes les bonnes dif-pofitions du corps.

47.

L'orgueil des grands eft de mefme nature que celuy des riches , l'idée qu'il nous donne de nous mefme n'eft qu'une fauffe idée de merite , & de grandeur.

48.

L'orgueil ne fçauroit avoir de plus jufte chafti-ment que le mépris qui s'en fait , & fans inventer des

supplices pour le punir, il
suffit de l'abandonner à luy
mesme pour le rendre mal-
heureux.

49.

L'envie ordinairement
détruit tout ce qu'elle ne
peut acquerir.

50.

L'envie est une passion
honteuse, qui ne peut com-
patir avec la generosité.

51.

L'envie est un feu qui
desseche, & qui porte avec

foy le chatiment de l'en-
vieux ; il ne laiffe repofer
ny le jour ny la nuict. C'eft
comme une fiévre étique
qui mine peu à peu , &
qu'il eft difficile de chaffer
quand on a fouffert qu'elle
fe foit enracinée.

52.

La prodigalité, eft un vice pompeux & magnifique,
l'avarice en eft un lâche
& fordide ; le premier eft
la marque des grandes for-
tunes , & le fecond des
viles & des abjectes, The-
miftocle commanda à fon

valet d'amasser une bource
qu'il rencontra à ses pieds,
par ce qu'il n'estoit pas
Themistocle.

53.

Quelques passions que
l'avare ait pour les biens,
il ne laisse pas d'en con-
noistre la bassesse, il tâche
d'en déguiser l'indignité
sous le nom d'une honneste
œconomie, & apres qu'il
se l'est persuadé à luy
mesme, il voudroit bien
le persuader aux autres.

54. Ce

54.

Ce ne sont pas les biens, qui rendent l'homme riche, mais le bon usage qu'il en fait.

55.

L'interest est cause que les hommes ne sont pas aussi scrupuleux sur l'honnesteté qu'ils le devroient estre.

56.

Rien ne nuit tant aux personnes de qualité, que le trop d'attachement aux biens.

C

57.

L'on est toujours assez riche, quand on est content de peu.

58.

Vne grande fortune est moins à desirer qu'une mediocre, comme l'esprit se perd dans le luxe, il se forme dans la frugalité.

59.

Celuy qui prefere la pauvreté aux richesses de ce monde se peut dire plus heureux que le plus riche de tous les hommes.

60.

La condition des pauvres donne moins d'inquietude que celle des riches. Ceux-cy doivent craindre, au lieu que les autres n'ont qu'à esperer.

61.

Le sage fuit tout ce que le peuple estime, tout ce que le hazard donne, & tient pour suspects tous les presens de la fortune.

62.

Comme la fortune est su-

jette à beaucoup de revo-
lutions, il y a peu d'evene-
mens fur lefquels on ne doi-
ve être preparé.

63.

Un grand cœur ne fe dé-
nient jamais , ny dans la
bonne ny dans la mauvaife
fortune ; l'une & l'autre le
touche fi peu qu'il eft impof-
fible d'en connoître l'at-
teinte.

64.

Les grandes averfitez
font pour les grands hom-

mes , elles accablent les lâches , & encouragent les
genereux.

65.

Les hommes vertueux pa-
tiſſent ordinairement plus
que les méchans. La for-
tune favoriſe les lâches , &
perſecute les Heros.

66.

Il n'eſt rien de ſi aiſé que
de prêcher la patience aux
affligez, quand on eſt dans
la proſperité, mais rien de
ſi difficile à pratiquer du
moment que l'on eſt dans

C iij

la même peine.

67.

Un bon Pilote doit s'ac‑
commoder au changement
des vents : & un Sage à la
fortune.

68.

Les malheurs nous met‑
tent à l'épreuve aussi bien
que la bonne fortune. Il
faut pour le moins autant
de prudence quand elle
nous favorise, que de cou‑
rage quand elle devien nô‑
tre ennemie.

69.

Le souvenir des maux
est agreable à ceux qui les
ont passez , & ajouste quelques douceurs aux felicitez
dont ils joüissent.

70.

Les maux de l'imagina-
tion n'ont d'entrée dans
l'esprit qu'autant que sa foiblesse leur en veut donner.

71.

La crainte aguerrit con-
tre les maux , & en évite la
surprise.

72.

Le temps qui apporte des remedes aux maux, les rend quelquefois incurables.

73.

Une belle vie fait mépriser la mort , & une belle mort fait mépriser la vie.

74.

La crainte de la mort fait oublier tous les maux , & toutes les incommoditez de la vie.

75.

Si la mort paroît effro-
yable aux riches , elle doit
bien confoler les malheu-
reux.

76.

La crainte de la mort eſt
plus ſenſible que la mort
même.

77.

La neceſſité de mourir
n'eſt ſupportable qu'à celuy
qui la regarde comme tel-
le. Quand la foûmiſſion de
l'eſprit devance l'execution

de la Loy, on la subit sans peine.

78.

Il faut songer quelque-fois à la mort, parce que cette seule pensée est capable de nous apprendre à bien vivre.

79.

L'importance de la vie ne doit pas se mesurer sur le temps, mais sur l'étude qu'il faut faire de bien vivre pour bien mourir.

80.

La bonté de la vie, fait la bonté de la mort.

81.

Il faut vivre comme l'on voudroit avoir vécu, lorsqu'on sera prêt de mourir.

82.

C'est mal vivre, que de commencer toûjours à vivre, parce que la vie est toûjours imparfaite, & qu'il n'y a point d'apparence qu'un homme qui commence à vivre, se puisse preparer à mourir.

83.

De toutes les Loix, celle de mourir est la seule inviolable, & qui ne souffre point d'exception.

84.

L'estude du temps est la plus utile de toutes, elle nous enseigne le moyen d'en faire un bon usage; & c'est delà que dépendent tous les biens, ou tous les maux de la vie.

85.

Rien n'eſt plus pre-
cieux que le temps , &
c'eſt à quoy l'on penſe le
moins. Quand on l'a une
fois perdu, on ne le recou-
vre jamais , un nouveau
gain peut reparer une vieille
perte , mais celle du temps
eſt irreparable.

86.

Le choix d'un bon Livre
n'eſt pas moins difficile que
la lecture en eſt agreable:
le mëilleur de tous eſt celuy qui convient le mieux

à noſtre profeſſion.

87.

Une grande Bibliothe-
que eſt un honteux orne-
ment de Cabinet , quand
toute la ſcience de ſon pro-
prietaire eſt dans ſes Livres.

88.

Trois choſes font un ſça-
vant & habile homme , la
lecture, la converſation, &
la réverie; l'une enrichit ſa
memoire , l'autre polit ſon
eſprit ; & la derniere forme ſon jugement.

89.

La Philosophie naturelle nous fait sçavans ; la Morale nous rend sages ; l'Histoire judicieux , la Poëſie agreables; la Retorique éloquens ; la Coſmographie éclairez ; & l'eſtude des ſaintes Lettres pieux & devots.

90.

La Philoſophie ne nous apprend pas ſeulement toutes les ſciences ; elle nous montre encore à triompher des diſgraces de la mau-

vaife fortune , & à fouffrir
fans murmurer les foiblef-
fes de la nature, qui font de
veritables maux.

91.

Arrifton de Chio, difoit
que ceux qui quittoient la
Philofophie pour s'adon-
ner aux Mathematiques,
reffembloient aux amou-
reux de Penelope , qui ne
pouvant joüir d'abord de
leurs maiftreffes , courti-
foient les fervantes.

92.

La nature judicieufe en
tout

tout ce qu'elle fait , a mis
plus de gloire où il y a plus
de dangers , comme les
sciences, plus elles sont difficiles , & plus elles donnent de reputation.

93.

Celuy qui ne veut pas se
hazarder ne doit pas son-
ger à s'élever.

94.

La vertu n'a point de
condition affectée , tel est
d'une basse naissance ; qui
par des actions heroîques,
s'éleve au comble des gran.
deurs.

95.

Il faut estre hardy pour devenir heureux.

96.

Qui a de la bravoure, le fait paroître en son temps, un cœur genereux s'expose au danger dans les occasions, & il ne le recherche point, lorsqu'elles ne se presentent pas.

97.

Le moyen d'arriver à la gloire, est d'estre tel que l'on veut paroître.

98.

La valeur qui n'a jamais fouffert d'attaque, ne merite gueres de loüanges, mais celuy qui s'eſt expoſé courageuſement au peril, & qui en eſt forty victorieux, ne peut être aſſez loüé.

99.

Un grand cœur doit être infenſible à tout ce qui ne regarde pas, ou le devoir, ou la gloire.

100.

La crainte cherche le mal pour s'en affliger avant qu'il foit arrivé ; elle ne s'entretient que d'illufions & de fantofmes ; la hardieffe au contraire ne s'eftonne jamais, elle fe nourrit d'efperance, & trouve fon divertiffement dans les rencontres , & dans les perils.

101.

La crainte eft le plus grand de tous les maux, pendant que les autres ont quelques intervales, celuy-cy dure toûjours.

102.

Il ne faut jamais crain-
dre que les maux qu'on
peut éviter ; l'amertume de
ceux qui font inévitables,
s'augmente par la peur que
nous en avons.

103.

Il n'eſt pas de la peur
comme des autres paſſions,
celuy qui en a le moins, en
donne toûjours le plus.

104.

Qui veut' attaquer ſon

ennemy , doit témoigner beaucoup de reſolution en ſa preſence, une contenan-ce ferme l'étonne , un re-gard fixe & aſſeuré l'ébran-le , une parole hardie & bien ſoûtenue , le ruïne à moitié , & de cette maniere l'on eſt preſque auſſi-toſt victorieux que vaillant.

105.

Trois choſes ſe trouvent rarement dans une meſme perſonne, la prudence dans les entrepriſes ; la fermeté dans l'execution, & l'intre-pidité dans les perils.

106.

Comme l'imprudence est la source de toutes les dis-graces de la vie, la pruden-ce en fait tout le bonheur.

107.

Celuy qui commence un affaire sans jugement, ne doit pas estre surpris si elle finit sans succez.

108.

L'imprudent qui ne fait qu'une faute merite une ex-cuse, celuy qui peche pour la seconde fois doit souf-

frir double peine l'une pour
son crime , & l'autre pour
son indiscretion.

109.

Comme une faute ouvre
souvent le pas à une autre,
quelquefois aussi elle sert
d'instruction à l'homme ;
parce qu'en luy découvrant
son foible, elle luy apprend
à le fortifier.

110.

Ce n'est pas assez que d'a-
voir de la prudence pour
entreprendre , il faut du
bon-heur pour reüssir.

111. Le

III.

Le temporisement assai-
sonne les resolutions , &
meurit les secrets , au lieu
que la precipitation ruine
toutes les affaires.

112.

Il faut penser à loisir, &
executer promptement.

113.

La diligence qui n'est
point dirigée par la len-
teur , n'a pas toûjours un
succez favorable.

E

114.

La modestie est une gê-
ne au voluptueux, & le
travail un supplice au fe-
neant. Le delicat plaint le
laborieux, & l'ignorant celuy qui étudie.

115.

L'homme qui étudie pour
passer le temps ; est un curieux qui travaille en vain,
& qui perdra le temps &
l'estude, mais celuy qui
étudie pour apprendre, se
rendra sçavant & habile-
homme.

116.

De sçavoir parler & agir, est une qualité fort neces-saire à l'homme. La science qui ne se produit pas en acte, & qui ne se commu-nique point est inutile, & d'estre seulement pour soy, c'est vouloir n'estre pour personne.

117.

Quelque facilité que l'on ait à s'exprimer, il faut toû-jours dire beaucoup de choses en peu de mots, & se souvenir que la conver-

sation n'est pas comme un
Estat Monarchique, où un
seul a droit de parler, mais
comme une espece de Re-
publique où tous ceux qui
la composent peuvent dire
ce qu'ils pensent.

118.

C'est un grand deffaut
dans la conversation, que
d'y vouloir toûjours briller,
& s'y faire plus écouter que
les autres.

119.

Parle peu, & à ton rang,
dit le Sage, écoute beau-

coup , & ne répond qu'à propos.

120.

Tous ceux qui parlent peu parlent bien , parce qu'ils fongent long-temps à ce qu'ils doivent dire.

121.

On ne condamne jamais le filence de perfonne, mais tout le monde fe plaint de ceux qui parlent trop.

122.

Pericles & Pififtratus furent infuportables à leur

siecle , parce que l'un se
rendoit trop importun par
ses grands discours ; & l'autre fatiguoit tout le monde du long recit de ses victoires.

123.

L'entretien des personnes
d'autorité , doit tenir plus
du Philosophe que de l'O-
rateur , on perd le temps
par le delay , lorsqu'il doit
plûtost estre employé dans
les pensées que dans les paroles , & dans le precieux,
que dans le magnifique.

124.

Tout le monde écrit à fa maniere, & chacun croit avoir raifon, pour moy j'eftime qu'il faut écrire comme l'on parle, & parler comme l'on voudroit é-crire ; que le difcours foit d'un ftile vif & coupé ; que les penfées foient plûtoft liées par le fens que par les paroles ; & que la netteté, la delicateffe, & la force, foient les trois graces qui regnent dans tout le rai-fonnement.

125.

Trois choses ne se recon-
noissent bien qu'en trois
lieux differens, la hardiesse
dans le peril, l'amy dans
le besoin, & la sagesse dans
les attaques de la colere.

126.

Il est inutile de se mettre
en colere, quand on n'a le
moyen, n'y de se vanger,
n'y de pousser à bout son
ressentiment.

127.

Quoy que la colere soit

capable de tout entreprendre , elle fait d'ordinaire
plus de bruit que de mal.

128.

Celuy qui s'abandonne
à la colere n'a preſque plus
rien de l'homme ; cette paſſion eſt ſi furieuſe qu'elle
trouble l'eſprit, & ſe répan-
dant au dehors défigure le
viſage.

129.

Quoy que la colere ne
ſoit qu'une courte fureur,
ſes effets ſouvent ſont de
longues folies.

130.

Celuy qui se met souvent en colere, n'est raisonnable que par intervale.

131.

Le secret pour maîtriser sa colere, c'est de remettre au lendemain l'execution de ce qu'elle nous inspire.

132.

Les passions sont foibles dans leurs naissances, elles s'échauffent dés leur sortie, & se fortifient dans leurs progrez. Il est plus facile de les rebuter quand elles se presentent , que de les chasser quand elles sont entrées.

133.

Les passions qu'on flatte le plus , sont celles que l'on cache davantage.

134.

Les passions sont comme des plantes qui flechissent dans leurs Printemps sous la main du Jardinier , & se roidissent dans leurs Automnes de telle sorte qu'il a de la peine à les manier.

135.

L'on n'a point de plus grand ennemy que foy-même , lorſqu'on n'eſt pas le maiſtre de ſa paſſion.

136.

La raiſon diſtingue l'homme de l'animal , mais la paſſion le confond avec luy.

137.

L'affection dégenere facilement en deſeſpoir ſi-toſt qu'elle n'a plus d'eſperance; elle veut tout perdre, quand elle ne peut rien gagner.

138.

Qui commence à aimer,
doit se preparer à souffrir.

139.

Certains maux se laissent
guerir, ou du moins soula-
ger par les remedes, mais
le mal de l'amour charme
ceux qui en sont atteints,
& leur fait craindre la gue-
rison.

140.

L'amour est l'occupation
de ceux qui n'en ont pas.

141.

Les premiers traits de l'a-
mour partent des yeux , &
les seconds de la parole.

142.

Le cœur est souvent la
duppe des yeux.

143.

La sagesse & l'amour ne
s'accordent jamais.

144.

L'amour est semblable au
feu, il brille & plaist quand
on en est éloigné : mais il

brûle & confume quand
on s'en approche de trop
prés.

145.

Si l'on dépeint l'amour
tout nud , c'eft pour montrer qu'il met en chemif○
ceux qui le fuivent.

146.

La dépenfe pour les fem-
mes empefche de connoître
fi l'on en eft confideré pour
fon merite.

147.

Tous les hommes & toutes

les femmes cherchent à se
tromper les uns & les au-
tres, puisque chacun cherche sa dupe.

148.

Les femmes ont plus d'in-
terest à la constance que les
hommes, parce qu'elles sont
plûtost passées.

149.

La beauté ressemble à la
rose, elle est belle un jour,
& passe le lendemain.

150.

La pluspart des femmes
doivent

doivent leurs gloires à leurs
ajuftemens, & la plus grande partie de leur beauté à
l'opinion de leurs efclaves.

151.

L'amour eft le foible des
jeunes gens , le vice des
hommes plus avancez en
âge , & la honte des vieil-
lards.

152.

Si l'amour nous eft re-
prefenté fans yeux , c'eft
pour montrer qu'il eft capable d'aveugler tous les
hommes.

F

153.

Les femmes pleurent la mort de leurs amants, moins par le regret de leur perte, que pour faire croire que leur fidelité merite de nouveaux amants.

154.

Les femmes reſemblent à l'ombre , elles ſuiyent ceux qui les fuyent , & fuyent ceux qui les ſuivent.

155.

L'ambition des femmes n'a non plus de bornes que

leurs autres vices; elles veulent tout ce qu'elles veulent, & ne sont jamais contentes si elles ne sont absoluës.

156.

Les femmes ne doivent pas toûjours attribuer à leur merite , ce que font pour elles ceux qui les aiment.

157.

Les femmes sont semblables à la Mer qui prodigue sur ses bords d'inutiles coquilles, tandis que dans son sein elle engloutit les plus riches tresors.

158.

Si le Ciel a mis quelque beauté ſur le viſage des femmes, ç'a eſté pour punir la folie des indiſcrets & des curieux.

159.

Les jeunes femmes n'ont pas aſſez d'eſprit , & celles qui ſont âgées n'ont pas aſſez de beauté.

160.

Les femmes ont ordinai-rement des défauts ſecrets, plus grands que les beautez qui paroiſſent.

161.

L'homme eſt la dupe des plaiſirs.

162.

Les plus grands plaiſirs durent le moins , & ſont preſque ſemblables aux é-clairs & aux meteores, qui paſſent auſſi viſte qu'ils frap-pent la veuë.

163.

Pour peu que les plaiſirs durent , ils ceſſent d'eſtre plaiſirs, & quand ils durent trop long-temps , ils deviennent des supplices.

164.

Celuy qui prefere son plaisir à son devoir , imite le chien d'Esope , qui aima mieux l'ombre que le corps, & l'apparence que la verité.

165.

Ceux qui aiment les plaisirs , n'ont gueres d'amour pour la gloire; ils font plus d'estat de leur vie , que de leur reputation.

166.

Celles qui n'aiment que leurs plaisirs, aiment toutes sortes de personnes, sans en aimer aucune en particulier.

167.

La necessité n'a pas d'ordinaire la mesme estenduë que le plaisir; il y a souvent assez pour le necessaire, qu'il y en a peu pour l'agreable.

168.

Les gens de guerre n'ont

point de plus grand enne-
my que le plaisir , si-tost
qu'il touche leurs cœurs, il
émousse leurs courages.

169.

Hannibal , qui n'avoit
point cedé au fer de Rome,
ceda aux delices de Capouë,
les voluptez de cette ville
ravirent à ce genereux Gue-
rier la gloire qu'il s'estoit
acquise aux journées de Ca-
nes, & de Trasimene.

170.

L'amour excite le coura-
ge quand il est dans la moderation,

deration, mais si-tost qu'il porte un homme jusques dans la volupté, il le ramolit, bien loin de le rendre vigoureux.

171.

Quand l'amour s'est rendu maistre d'un cœur, ce cœur ne connoît plus d'autre felicité que l'amour. Cette passion a été l'écüeil des plus grands hommes. Pour elle le premier des Philosophes donna de l'encens à la beauté, qui luy avoit donné de l'amour; & en fit sa divinité, pour elle

Hercule changea fa maſſuë
en quenoüille ; Achille ſer-
vit à genoux Polixene, Ado-
ration qui luy couſta la vie;
& je ne ſçay par quel deſtin
fatal à la gloire des Conquerans , Maſſiniſſe & An-
toine , ne furent jamais ſi
fort hays de leurs ſoldats,
que lorſqu'ils furent les
plus aimez, l'un de Sopho-
niſbe , & l'autre de Cleo-
patre.

172.

Tous les Amans reſſem-
blent à ces anciens Idola-
tres , qui ſe faiſoient des

Dieux à leur fantaiſie ; & quoy que ces faux objets de divinité rempliſſent leur imaginatiõ de fauſſes idées, ils ne laiſſoient pas de leurs dreſſer des Autels dans leurs cœurs. Les Amoureux en ſont reduits au même point, ils ſe font des maîtreſſes comme il leur plaiſt,& aprés qu'ils leurs ont donné plus de perfeſtions qu'elles n'ont de défauts , ils les aiment uniquement, ſans conſidérer qu'en eux ny en elles, on ny peut trouver rien de plus veritable que la commune erreur , dont ils ſont également convaincus.

173.

Tous les Amans font vi-
fionnaires : la moindre apparence les fait beaucoup
craindre, & beaucoup ef-
perer.

174.

L'amour eft le fils de la
veuë, les yeux le conçoi-
vent avant le cœur, il pouffe
fes conqueftes par la parole,
& les acheve par la vo-
lonté.

175.

La femme est souvent un aide, & souvent ennemie, & le mariage est tantost un port favorable, & tantost un naufrage malheureux.

176.

Le mariage est un jeu, où souvent les plus fins ne sont pas les moins trompez, personne ne doit joüer, qui ne veut s'exposer au hazard.

177.

Le mariage est un jardin où il croit tant d'épines,

& si peu de fleurs , tant de
fruits amers , & si peu de
doux , qu'on a raison de
lier ceux à qui l'on perm
d'y entrer pour cueillir les
fleurs , & pour goûter ses
fruits ; s'ils n'estoient liez
comme ils le sont , le dé-
goust qu'ils y trouvent en
feroit sortir la pluspart presque aussi-tost qu'ils y sont
entrez.

178.

Il n'y a point de felicité
parfaite dans ce monde ; les
deux vases , l'un de miel,
& l'autre de fiel, qui étoient

à l'entrée du grand Olimpe,
& dont Jupiter remplissoit
tous les mortels , donne-
rent sujet à Plutarque de
dire, que personne ne joüis-
soit purement du bon-heur
de la vie.

179.

Les Roys ressemblent aux
Amoureux ; ils ne peuvent
souffrir de compagnons ny
de Rivaux.

180.

C'est avoir l'esprit mal-fait
de prendre à nôtre desa-
vantage ce qui nous doit

être indifferent ; nous fom-
mes fi foibles de croire que
perfonne ne marche aprés
nous , quand quelqu'un
nous devance, comme fi le
merite ne faifoit pas les
rangs plûtoft que les qualitez.

181.

La Jaloufie eft un témoin
irreprochable de nôtre foibleffe , fi elle vient de l'a-
mour, elle eft imprudente,&
fi le bon-heur de nôtre prochain l'a produite, elle eft
lâche; enfin de quelque côté
qu'on la confidere, elle por-

te avec foy , & fon crime,
& fon aveuglement.

182.

La jaloufie eft un mal à
qui toutes chofes fervent de
nourriture , & pas un de re_
mede.

183.

La crainte qui accompa-
gne la jaloufie luy agrandit
les moindres objets , & luy
reprefente les maux autres
qu'ils ne font.

184.

La jaloufie étouffe fouvent la tendreffe du cœur quand elle vient à quelque excez , mais quand elle eft moderée , elle fert d'affaif-fonnement & de pointe aux defirs, c'eft comme un vent qui allume le feu qui ne brûle qu'à demy dans le cœur d'un amant.

185.

Rien n'eft plus difficile à trouver qu'un veritable ami, il eft prefque auffi rare dans la focieté que la pierre Philofophale dans la Chymie.

186.

La fidelité devient quel-
quefois infidelle; & comme
l'on aime plus son interest
que son amy, il faut se défier souvent pour n'être
gueres trompé.

187.

Qui se confie sans con-
noissance, court risque de
s'en repentir avec raison.

188.

Où l'interest domine, la
raison a beau parler, elle
n'est gueres écoutée.

189.

La confiance produit la fidelité dans les magnanimes, & excite la trahison dans les lâches.

190.

Celuy qui découvre son foible aprend ce qui le doit vaincre, & par où il peut être vaincu ; Samson ne l'auroit jamais esté, s'il ne s'estoit découvert à sa maîtresse.

191.

Quelque amy qu'on ait,

il ne luy faut jamais confier un secret où il y va de l'honneur où de la vie, parce que le dommage de son infidelité ne se peut reparer.

192.

Un secret qui passe à un tiers, n'est plus secret.

193.

Comme l'odeur se dissipe, si elle n'est bien fermée ; de mesme un conseil s'évante s'il n'est bien secret.

194.

Les grands deſſeins doi-
vent reſſembler aux fontai-
nes qui ne ſe purifient jamais mieux qu'en paſſant
ſous la maſſe des monta-
gnes , & aprés avoir eſté
long-temps cachez dans des
canaux ſoûterains qui leur
ont comme ſervy d'alam-
bics , elles paroiſſent tout
d'un coup aux piez d'un
rocher; de meſme les grands
deſſeins doivent demeurer
long-temps cachez , & ils
ne reuſſiſſent jamais mieux
que quand on en reſſent l'ef-

fet, avant que de les avoir
aperçûs.

195.

Il eſt des Heros de pen-
ſées , & il en eſt d'action ;
ceux - là conçoivent les
grandes idées du bien , &
ceux-cy en produiſent les
œuvres ; le bon-heur apartient aux ſeconds, & le merite aux premiers.

196.

Le vulgaire ne juge ja-
mais des choſes que par l'é-
venement ; il croit que rien
n'eſt bien medité , ſi l'effet

ne ſuit l'intention ; mais les
perſonnes d'eſprit en jugent
d'une autre maniere , &
voyent ſouvent plus de conduite & de courage dans un
effort ſterile , que dans un
ſuccez avantageux.

197.

Les ordres des Souverains
doivent eſtre conſiderez
avec reſpect, & jamais avec
curioſité ; c'eſt au vaſſal
d'obeïr , & non pas de
juger.

198.

L'obeïſſance aveugle eſt
le

le partage des sujets, comme l'absoluë volonté est celuy des Monarques.

199.

Si les Souverains sont ju-
stes ou tyrans, le blâme ou
la loüange qui leur est deuë
ne dépend pas plus de leurs
sujets, que la recompense,
ou la punition, mais de la
puissance de Dieu, qui tient
le cœur des Roys en sa main,
& qui les meut comme il
luy plaît.

200.

Les Roys ne doivent ja-

H

mais être seuls ny oisifs;
dans leurs cabinets la prudence doit être avec eux, &
dans le repos leur étude.

101.

C'est une grande oisiveté
à un grand Prince, que de
penser aux victoires de l'a-
venir, & sans répandre une
goute de sang, de défaire
des troupes qui ne font pas
encore levées; sans quitter
son fauteüil courir partout
le monde sur une carte,
prendre les places qui bor-
nent ses frontieres, soû-
mettre les villes qui peuvent

arrester ses armées, & pour
tout dire en peu de mots,
gagner autant de batailles
& de Provinces qu'il fait de
bonnes meditations.

202.

Qui travaille pendant le
repos de la paix, se repose
pendant le travail de la
guerre.

203.

Archimede ne fût jamais
plus heureux ny plus tran-
quille, que lorsqu'il fit
joüer ses machines de guerre contre Marcellus au Siege

de Siracufe , parce qu'il les avoit conçeuës à loifir , & fait fabriquer dans l'apparente oifiveté du cabinet.

204.

Une fage retraite vaut mieux qu'une opiniâtre refiftance , c'eft fuivre la victoire de reculer à propos, & courir à la mort de tenir ferme hors de faifon.

205.

Il y a grande difference entre une déroute& une retraite , celle-cy voit l'honneur qui va devant elle;& celle-là

le laisse derriere soy : qui se
retire veut vaincre , & celuy qui fuit veut vivre.

206.

Les grands courages ai-
ment mieux mourir avec
gloire , que de vivre sans
honneur.

207.

Quand il faut absolument
mourir , il faut le faire ge-
nereusement ; mais si l'on
peut fuïr la mort sans honte , on doit le faire sans
crainte. Il n'appartient qu'-
aux rochers , & à ceux qui

ont leur dureté de resister
aux tempestes.

208.

Un brave homme souf-
fre autant de reproche de
sa conscience quand il a
manqué de vaincre , que
quand il est vaincu. Si ce
dernier mal-heur montre sa
foiblesse , le premier découvre son imprudence.

209.

Celuy qui entreprend ,
doit mesurer son pouvoir
avant que d'irriter celuy des
autres , sinon il court ris-

que d'être deux fois vaincu, la premiere par son ambition, & la seconde par
la force de son adversaire.

210.

L'on peut quelquefois ex-
cuser l'infortune d'un homme, mais l'on ne doit ja-
mais excuser sa temerité.

211.

L'homme est obligé d'ê-
tre sage, & non pas d'être
heureux ; s'il a de la vertu,
on ne luy doit jamais reprocher son infotune.

212.

Il n'eſt pas bon d'étre malheureux, mais il eſt bon de l'avoir eſté.

213.

L'affliction eſt une excellente maîtreſſe , elle nous corige de nos défauts , & nous inſtruit autant pour nôtre bien que pour celuy des autres.

214.

Qui voit avec indifference les malheurs de ſon prochain , ne doit pas trouver étrange

étrange si l'on regarde les siens sans compassion.

215.

Souvent nos amis nous deviennent indifferens, si-tôt que nous ne leur pouvons plus être utiles.

216.

L'on connoît les amis durant le besoin, & les ennemis durant le malheur.

217.

Une honnêteté qui ne se fait point attendre en vaut deux, & c'est faire un pre-

I

sent que d'avancer le paye-
ment d'une dete.

218.

Qui méconnoît ses amis
dans la prosperité, merite
de n'en point trouver dans
ses malheurs.

219.

L'on ne haït pas moins
une personne qui nous re-
fuse sa protection, que celle qui nous persecute; la raison est que nous jugeons
bien qu'on nous desire le
mal , puisqu'on peut , &
qu'on ne veut pas nous en
défendre.

220.

L'on dit bien vray qu'on n'adore que le Soleil levant, celuy qui se couche n'est regardé que pour tirer des presages du lendemain ; de mesme l'amitié de nos amis ne dure qu'autant de temps que nôtre fortune subsiste, celle-là s'évanoüit d'abord que celle-cy diminuë.

221.

Comme l'esprit de l'homme n'a pas moins d'inconstance que son cœur a d'infidelité, il faut penser éga-

lement aux moyens qui em-
pêchent la legereté , & qui
forment la gratitude.

222.

Il est plus fâcheux d'a-
voir mal employé un bien-
fait que de n'en recevoir jamais , c'est souvent la faute
d'autruy quand on ne nous
en fait pas , mais c'est toûjours la nôtre quand nous
choisissons mal ceux à qui
nous en voulons faire.

223.

L'ingratitude est le vice
des ames basses ; ceux qui

ne sçavent pas reconnoître
les graces qu'ils ont receuës,
montrent qu'ils ne meri-
toient pas d'en avoir.

224.

Le plus méconnoissant
n'est pas celuy qui oublie le
bien-fait, ce peut être aussi-
tost un défaut de sa me-
moire, qu'un crime de sa
volonté ; mais de joüir d'un
bien qu'on a receu , de l'a-
voir toûjours present, & de
le dissimuler, ou de mépriser celuy qui en est l'au-
theur, c'est la derniere marque d'ingratitude.

225.

Il est mal-aisé qu'un homme soit sage, qui n'a point été trompé.

226.

La meilleure politique pour éviter les accidens de la vie, est de ne faire amitié qu'avec les gens de bien.

227.

La fin qu'on se propose est la regle des actions, celuy qui n'en a point mené une vie inconstante & pleine d'erreurs.

228.

La prevoyance va au de-
vant du peril pour le connoître , la circonspection
le regarde de tous les côtez,
& la precaution se met à
couvert de ses attaques.

229.

La malice n'est agreable
qu'à ceux qui s'en servent.

230.

Celuy qui se plaint des
maux qu'il souffre , ne se
souvient pas de ceux qu'il
a faits.

231.

Quand un homme est affli-
gé, il se doit interroger luy-
mesme, le mal qu'il a pû faire, luy representera la justice
de celuy qu'il endure.

232.

Les peines & les souffran-
ces que Dieu nous envoye
dans ce monde, sont autant
de marques certaines qu'il
nous veut épargner dans
l'autre.

233.

Dieu n'a mis l'homme sur

la terre que pour luy donner le moyen de meriter le
Ciel, qu'il ne s'eſtonne donc
pas ſi l'injuſte preferance
qu'il fait des richeſſes d'icy-
bas à celles de là haut, luy
donne tant de peines, &
d'inquietudes; c'eſt la punition qui eſt attachée à ce
faux plaiſir, afin que les
ſujets de ſes égaremens deviennent les inſtrumens de
ſes ſouffrances.

234.

Dieu pour empêcher que
nous le quittions pour ſui-
vre des creatures, nous laiſſe perſecuter par celles que

nous aimons, afin que voulant fuïr leur tyranie, nous retournions vers sa bonté.

235.

L'on s'aproche de Dieu à mesure qu'on s'éloigne du monde.

236.

Plus nôtre croix paroît grande, & plus elle s'aproche du Ciel.

237.

Il n'y a rien en cette vie, qui ne soit d'autant plus déplorable qu'on le pleure moins, & qui ne le soit d'autant moins qu'on le pleure d'avantage.

238.

Si Democrite avoit raiſon de rire de la folie des hommes; Heraclite n'avoit pas tort d'en pleurer, ceux qui ont de l'amitié pour leur prochain ſont touchez de compaſſion, quand ils ſe repreſentent ſon aveuglement volontaire.

239.

Que l'homme eſt malheureux, & que ſon ſort eſt à plaindre, tantôt il déplore

la vie , & tantôt il apre-
hende la mort , il est toûjours irresolu , & l'estat le
plus heureux ne sçauroit le
satisfaire.

240.

Il n'y a rien au monde qui
ne soit sujet au change-
ment , ce qui est agreable
aujourd'huy ne l'est pas de-
main , le gouvernement le
plus doux devient fâcheux,
la grandeur la moins vaine,
paroît superfluë , & la meilleure compagnie est ennu-
yeuse quand elle est ordinaire.

241.

Toutes les choſes ont leur periode, & rien ne fait tant craindre leur décadance que le dernier point de leur grandeur.

242.

Le jugement eſt la choſe du monde la mieux partagée, les plus difficiles à ſe contenter n'ont pas accoûtumé d'en deſirer d'avantage.

243.

La pluſpart des actions

des hommes sont fardées,
& n'ont rien que l'appa-
rence.

244.

Les habits magnifiques,
& l'air de qualité, ne sont
pas toûjours des marques
que l'on soit ce qu'on affe-
éte de paroître.

245.

Il y a des gens naturelle-
ment stupides, qui croyent
bien cacher leurs défauts
par une gravité aparente,
mais comme ils ressemblent
au Geay de la Fable paré

d'un plumage étranger,
bientôt on les reconnoît
pour ce qu'ils font.

246.

Il y a des gens qu'on
eftime mal-honnétes, qui
ne le font que par groffie-
reté ; ne fçachant pas tous
les devoirs de la bien-
feance.

247.

La veritable honnéteté
eft toûjours fimple, elle fuit
l'oftentation , & il y en a
quelquefois autant à fe taire
qu'à parler.

248.

Il n'y a point de Sage qui n'ait esté fou, & de fou qui ne puisse devenir sage.

249.

Les fous sont plus utiles aux sages, que les sages aux fous ; parce que les sages observent bien les dereglemens des fous, & les fous ne peuvent pas discerner les bons exemples des sages.

250.

Il ne faut pas s'étonner s'il y a si peu de sages, tout
le

le monde le croit être , &
c'est assez pour ne l'être
pas.

251.

La vie est une espece de
Comedie qui n'est pas plûtost achevée , que chaque
personnage reprend sa premiere condition, & tous se
trouvent égaux aprés la fin
de la piece.

252.

Il ne faut jamais juger du
merite des hommes par l'é-
clat de leurs emplois.

K

Il faut apprendre à se connoître soy-mesme, avant que de connoître les autres.

253.

La foiblesse de l'esprit tourmente le corps, aussi bien que la haute suffisance, l'une mine par le desespoir, ce que l'autre pert par des entreprises trop violentes.

254.

La plus belle victoire est de se vaincre soy-mesme, & lorsqu'on a cet avantage, on l'a souvent sur les autres.

255.

Ce ne font pas toûjours les offenfes qui nous tourmentent , mais l'imagination de les avoir receuës.

256.

Les efprits qui s'irritent par les offenfes , fe peuvent adoucir par les fervices.

257.

Il y a des gens qui ne font honnétes que dans le difcours.

258.

Le silence des méchans est une occupation dangereuse , ils cherchent souvent à se méconnoître, & à dépaïser les autres sur ce qu'ils font.

259.

Les artificieux sont bien representez par le nœud Gordien : ils se couvrent avec tant d'adresse, & cherchent tant de détours pour n'être pas découverts , que c'est perdre le temps de les vouloir étudier; Il faut que

l'exemple d'Alexandre, qui
trancha cette difficulté d'un
feul coup d'épée, ferve de
leçon aux fages pour rom-
pre d'abord tout commerce
avec eux.

260.

Un méchant qui veut s'é-
lever, fe fait des degrez de
toute chofe, il tâche de
monter par le crime quand
il ne le peut par la vertu :
mais fouvent fon élevation
caufe fon abaiffement ; &
comme elle n'eft fondée que
fur un apuy ruineux, il ne
touche le faire que pour

tomber dans le precipice.

261.

L'esprit & le cœur sont les deux sources principales de nôtre bien, ou de nôtre mal.

262.

Pour être sage , il faut que l'esprit & la raison soumettent le cœur , & pour être méchant , il faut que le cœur domine la raison & l'esprit.

263.

Il faut être bien avec les

honnétes gens , & jamais
mal avec les autres.

264.

Pour ne souffrir pas l'injure , il ne faut pas se l'at-
tirer.

265.

Les pretextes sont aux
méchans, ce que les forests
sont aux voleurs pour exercer leur cruauté.

266.

Les injures sont toûjours
sensibles , & laissent d'ordinaire un desir de ven-

geance à ceux qui les ont
receuës.

267.

Ceux qui offenſent ne par-
donnent point, parce que
ſçachans bien qu'on ne peut
oublier une injure, ils crai-
gnent toûjours la vengean-
ce de celles qu'ils ont faites.
Le deſeſpoir du pardon,
leur inſpire ſouvent le deſſein de quelque nouvel ou-
trage.

268.

Celuy qui aime bien n'of-
fenſe point, & ne peut être
offenſé.   269. Les

269.

Les Illuſtres ne ſont ja-
mais mépriſez que par ceux
qui ſont mépriſables.

270.

Le mépris que nous fai-
ſons de nos ennemis , eſt
ſouvent la cauſe de nôtre
perte.

271.

Il faut repouſſer la force
par la force, & ſouvent l'injure par le mépris.

L

272.

Rien n'eſt plus capable de faire ceſſer la calomnie, que le mépris qu'on en fait.

273.

Qui peut ſacrifier aux graces, peut être aſſeuré de l'amour.

274.

Il n'y a point de plus grande haine, que celle qui ſuccede à une grande amitié.

275.

Il faut aimer comme ſi l'on

devoit haïr, & haïr comme
fi l'on devoit aimer.

276.

L'amitié fans la crainte
produit le mépris, & la
crainte fans l'amitié engen-
dre la haine.

277.

Celuy qui ne fçait pas fe
faire refpecter, eft fouvent
regardé comme un cadavre,
& celuy qui eft hay, comme
un tyran.

278.

Il faut fouffrir, quand

on ne peut punir.

279.

Qui ne peut empefcher une chofe fans danger, en doit diffimuler la connoiffance, & fouffrir de petits maux pour en éviter de plus grands.

280.

Celuy qui diffimule un affront, fait croire qu'il ne le connoît pas, ou bien qu'il le méprife, & celuy qui veut fe vanger, & qui ne le peut, montre fa foibleffe, & s'expofe à d'autres injures.

281.

On ne fçauroit mieux punir fes ennemis, qu'en leur faifant du bien.

282.

La clemence eft la vertu des Roys, elle les rend, difoit un Ancien, femblables aux Dieux ; Il n'y a rien de fi beau que de pardonner, quand on le peut fans injuftice. Alexandre le grand, difoit, que la valeur étoit plus neceffaire pour méprifer, ou pour fouffrir une offenfe, que pour s'en vanger. L'un, suivant Pithacus, est un effet d'humanité , & l'autre souvent de Barbarie.

283.

Si c'est une haute vertu de pardonner , comme disent les Loix, ce n'est pas un crime de punir , quand la punition est legitime.

284.

Il se trouve un funeste enchaînement entre les crimes , & une charmante societé entre les vertus, bien qu'elles semblent en quelque façon opposées , com-

me ont toûjours parû la cha-
rité & la juſtice ; l'une eſt
tendre, l'autre inſenſible, l'u-
ne eſt douce, l'autre ſevere;
l'une eſt ſoûmiſe; l'autre im-
perieuſe , & toutes deux
conduiſent par differentes
voyes à la perfection , qui
doit être nôtre fin.

285.

Ceux qui épargnent ne
font pas toûjours amis , &
ceux qui frappent ne font
pas toûjours ennemis : Un
Medecin eſt rude à un fre-
netique , & un pere à un
enfant vicieux , l'un lie , &

l'autre bat , cependant ils
ne laiſſent pas que d'aimer
tous deux.

286.

Le reſpect que doivent
avoir les enfans pour leur
pere pendant ſa vie , de-
vient en quelque façon con-
ſacré , & paſſe en veneration aprés ſon deceds, l'honneur qu'on rend à leurs perſonnes eſt un genre de pieté,
mais le reſpect qu'on garde
pour leur memoire eſt une
eſpece de Religion.

287.

L'ingratitude des enfans

envers les peres & meres , merite châtiment , en perdant le refpect , ils perdent le droit de leur naiffance, & ils ne doivent plus être confiderez comme des enfans, mais comme des étrangers.

288.

Il faut plaindre les perfonnes qui fouffrent des maux qu'elles n'ont point meritez , & qui leur font infupportables; mais non pas ceux qui font coupables de leur malheur , & qui portent la peine de leurs offenfes.

289.

C'eſt une horrible inju-
ſtice de vouloir être mé-
chant, & de ne vouloir pas
être puny.

290.

Beaucoup de coupables
évitent la peine, mais peu
en évitent la crainte.

291.

Le crime eſt le châtiment
du crime ; les coupables
ſont eux-meſmes les arti-
ſans de leur ſuplice, & leur
conſcience en eſt le bour-
reau.

292.

Les méchans perfecutent les bons , & le mal pourfuit les méchans.

293.

Le méchant eft d'autant plus mal-heureux , qu'il ne fçauroit oublier fon crime.

294.

Il eft jufte pour fa puni-tion , qu'ayant efté conceu dans fon cœur , il ne s'ef-face jamais de fa memoire.

295.

Le Méchant a beau se ca-
cher ; il ne sçauroit être en
seureté dans quelque lieu où
il se trouve.

296.

Il n'y a rien de caché que
le Ciel ne découvre quand
il veut , quelques tene-
bres qu'on répande sur ses
actions pour les obscurcir,
Dieu est une lumiere pour
les éclairer.

297

La Justice divine ne s'a-

buſe jamais , & ſon retar-
dement à punir les coupa-
bles , n'eſt pas une marque
de leur pardon.

298.

Que ſert il de faire des
vœux pour une longue vie,
ſi nous n'avons deſſein de
la rendre meilleure ?

299.

Il faut que la raiſon cede
à la religion , mais la de-
votion & le zele doivent ceder à la raiſon.

300.

Tout le monde raifonne, mais il y a peu de gens raifonnables.

301.

Une ame libre & genereufe, ne fe foûmet jamais aux volontez d'autruy, qu'elle ne fe foit foûmife à la raifon.

302.

Ce n'eft pas être vaincu, que de fe rendre à la raifon.

303.

L'obeïssance qu'on rend
à la raison, couronne toûjours ceux qu'elle captive.

304.

L'obeïssance volontaire
est toûjours agreable, c'est
assez de sçavoir ce qu'on
doit faire, le devoir sert
de guide à nous montrer le
chemin qu'il faut tenir.

305.

Les actions que l'amour,
& le devoir produisent,
sont toûjours plus belles,

& ont souvent des succez
plus heureux, que celles que
la crainte & la force nous
font faire.

306.

La maniere d'obeïr fait le
merite de l'obeïssance.

307.

Tout le monde peut
obeïr, mais il n'apartient
qu'aux belles ames d'obeïr
de bonne grace.

308.

Les prieres des grands,
sont des commandemens
absolus.

309. Les

309.

Les officieux ne manquent jamais d'amis ,. & ceux qui ne manquent point d'amis , manquent rarement de fortune.

310.

Il faut avoir du respect pour nos Superieurs , de la déference pour nos égaux, & de l'honnesteté pour ceux qui sont au dessous de nous.

311.

Si l'affection qu'on a pour ses amis n'est accompa-

M

gnée de civilité , on court
risque de n'être pas long-
temps en bonne intelligence avec eux.

3 21.

Il ne faut jamais familia-
riser avec les personnes Su-
perieures , & de la haute
condition , à moins que
d'elles-mesmes elles ne s'a-
baissent, & prennent plaisir
avec leurs inferieurs.

313.

Ceux qui sont de naif-
sance content bien faux,
lorsqu'ils croyent pouvoir

se relâcher des égards qu'ils doivent avoir pour ceux qui sont d'une condition inferieure à la leur.

314.

Si l'on veut que la civilité de ceux qu'on pratique devienne un devoir envers nous, il faut leur en donner l'exemple par une conduite envers eux.

315.

La complaisance & la douceur, sont les moyens propres à vaincre, & à se faire aimer.

M ij

316.

Le Roy des Abeilles fait plus de sujets avec son miel, qu'il n'en feroit tout couvert d'aiguillons; la nature luy a donné aussi plus de corps qu'aux autres, afin qu'amassant plus de douceur, sa puissance soit plus grande, & son Empire plus étendu.

317.

Tous ceux qu'on caresse, ne sont pas toûjours aimez.

Une douceur trop appa-
rente cache souvent d'ê-
tranges cruautez.

318.

L'affection qu'on porte
au mary, n'est souvent que
la couverture de l'amour
qu'on a pour sa femme.

319.

David flatta Urie au re-
tour de l'armée, & ne
le convia d'aller prendre
son repos avec Bersabé, qu'-
afin de chercher des asseu-
rances pour continuer sa
débauche, ou des voiles

pour couvrir son adultere.

320.

Le moyen de découvrir une fourberie, est de n'en point faire paroître de soupçon.

321.

Si l'on n'avoit à passer la vie qu'avec des gens de bien, & d'honnestes per-sonnes, on ne seroit pas obligé à tant de precau-tions.

322.

Il est de la prudence de

ne se fier jamais à ceux qui
nous ont une fois trompé.

323.

Il n'y a point d'ennemis
plus à craindre , que ceux
qu'on ne craint pas.

324.

Le veritable amy ressem-
ble au remede qui blesse ,
mais qui guerit, & le flateur
au pavot , qui endort , &
qui tuë.

325.

Il n'est point de venin plus
dangereux à l'ame , que ce-

luy de la flatterie, comme
il est composé de tout ce
qui peut plaire, les plus é-
clairez mesme sont sou-
vent tentez de ne le refuser
pas.

326.

Les corbeaux arrachent
aux morts les yeux dont ils
n'ont plus que faire, mais
les flateurs ruïnent les ames
des vivans, & leur crevent
les yeux de l'entendement.

327.

Les grands cœurs ne sça-
vent non plus ceder à la
douceur

douceur des careſſes, qu'à
la violence des menaces.

328.

Quand on ſe laiſſe preoc-
cuper on eſt ſouvent trompé, il faut examiner les choſes avant que de les con-
damner, & croire plûtoſt
la verité, que les faux ra-
ports.

329.

Les mauvais conſeils per-
dent ordinairement les perſonnes, & l'on eſt ſouvent
mal-heureux pour avoir été
trop credule.

N

330.

Les fautes qu'on fait par conseil, diminuë beaucoup le repentir qui les suit.

331.

Celuy qui croit facilement tout ce qu'on luy dit, ressemble au Cameleon, il prend & quitte toute sorte d'opinions ; il les a toutes, il n'en a point, & n'est pas plus fixe en ce qu'il conçoit, que cet animal l'est en ce qu'il represente.

332.

Il faut se défier de la raison, quand on employe trop d'artifice, ou qu'on veut la faire goûter d'authorité.

333.

L'admiration est fille de l'ignorance.

334.

Peu de gens sont exempts de dire des fadaises, & le mal-heur est qu'on les veut dire agreablement.

335.

Qui veut qu'on suive ses sentimens , doit feindre d'entrer dans ceux des autres.

336.

La contradiction passe pour une offense, parce que c'est condamner le jugement d'autruy ; pour bien faire , il faut éviter autant de contredire , que d'être contredit.

337.

Il y a des gens si étranges,

que pour se distinguer ils condamnent tout ce que les autres approuvent ; le singulier leur paroît toûjours le plus beau ; il est vray que par là ils se font connoître, mais c'est plûtost pour être mocquez que pour être estimez.

338.

Il ne faut jamais s'engager dans l'entretien de ceux qui ne suivent que leur caprice.

339.

Ne dis que ce que tu sçay,

N iij

& pense à ce que tu dis.

340.

Pour devenir sage facile-
ment , corrige-toy sur les
fautes d'autruy.

341.

C'est un trait de sagesse,
de ne point donner son avis
sans en être prié.

342.

Il faut qu'une juste con-
noissance de ce que nous
sommes , precede le juge-
ment que nous en faisons.

343.

Il ne faut jamais être juge en sa propre cause, à moins qu'on ne se soit oublié soy-même.

344.

On peut juger de la grandeur de nôtre amour propre, puisqu'il nous persuade d'aimer jusques à nos défauts.

345.

Ceux qui s'aiment trop sont en grand danger d'être haïs de tout le monde.

N iiij

346.

L'amour propre est le ty-
ran de la raison.

347.

Ceux qui se rendent re-
doutables , ne sont jamais
sans crainte ; & quand on
cesse de se faire aimer , on
commence à se faire haïr.

348.

Il faut parler moderement
de son merite , & fortement
de celuy des autres.

349.

Celuy qui exagere ſes bonnes qualitez, en oſte le merite par ſon orgueil, & celuy qui cache les ſiennes,
leur donne un nouveau
prix par ſa modeſtie.

350.

Les loüanges communes
ne plaiſent gueres à per-
ſonne, & celles qui ſont ex-
ceſſives n'ont pas un meilleur ſuccez.

351.

On ne loüe ordinaire-
ment, que pour être loüez.

352.

Il y a peu de loüanges des-
intereſſées.

353.

Celuy qui loüë pour plai-
re , fait de ſon jugement la
duppe de ſa complaiſance.

354.

L'on juge mal de l'eſprit
d'un homme , qui ne s'oc-
cupe qu'à des bagatelles.

355.

Un honneſte homme s'at-
tache plus à faire ſon de-

voir, qu'à faire entendre
qu'il n'y manque point.

356.

Peu de personnes font
leur devoir par le seul plaisir
de le faire.

357.

Celuy qui oublie souvent
son devoir, perd à la fin la
volonté de s'en acquiter.

368.

Celuy qui fait ce qu'il dé-
fend, ou n'execute pas ce
qu'il ordonne, décredite son
ordonnance par ses actions,
ou ses actions par son or-

donnance, il fait voir que sa loy est injuste, ou que sa vie est déreglée.

359.

L'honneste homme ne doit jamais lier de commerce avec les personnes décriées.

360.

Les Grands negligent facilement leurs biens pour conserver leur reputation; ils croyent avoir assez de richesses, quand ils ne manquent point de gloire.

361.

Comme la clarté de la Lu-

ne est plus grande dans son
decours que dans sa pleni-
tude , de mesme le cœur de
l'homme doit avoir plus de
force dans sa mauvaise fortune, que dans la possession
des richesses de ce monde.

362.

Jamais on n'est plus mal-
heureux qu'alors qu'on le
croit être.

363.

Ceux qui se plaignent de
leurs mal-heurs , en aug-
mentent le nombre par
leurs plaintes,

364.

Plus un homme est raisonnable, & moins il est mal-heureux, puisqu'il tire de la force de son raisonnement, ce qui peut le consoler dans ses disgraces.

365.

Comme la parfaite raison fait la parfaite felicité, on se peut dire heureux à proportion qu'on est raisonnable.

366.

Il est bien plus glorieux

de borner ses desirs, que de les satisfaire.

367.

Qui sçait regler ses desirs, n'a pas besoin d'étudier en Mathematique : le compas de sa prudence est plus juste que celuy des Mathematiciens.

368.

Le desir regarde toûjours ce qu'on ne possede pas, & qu'on n'a que par degrez comme toutes les autres choses du monde ; nous ne souhaittons pas directement la felicité, mais ce qui nous y peut conduire ; si nous augmentons nos bien-faits, nous en augmentons aussi le desir de celuy qui les reçoit. La possession ôte souvent le goût de ce que nous avons desiré, & comme l'on s'imagine toûjours que les choses sont plus agreables qu'on ne les trou-ve en effet, la bizarerie de nôtre humeur nous fait toû-jours chercher le bien que nous n'avons pas dans celuy quenous avons.

369. La

369.

La fortune ne doit jamais être plus suspecte , que quand elle est arrêtée.

370.

Les longues prosperitez causent de grands maux , elles rendent la felicité comme insipide par l'habitude ; & le malheur insuportable , à cause de sa nouveauté.

371.

Il seroit bien meilleur pour la pureté de l'esprit de l'homme, que le bonheur &

le malheur luy fuſſent don-
nez, alternativement comme
le jour & la nuit.

372.

Il n'y a point de plus
grand bien que la vertu , n'y
de plus grand mal que le vice ; l'une donne pour re-
compenſe des felicitez eter-
nelles , & l'autre procure
pour chaſtimens des peines
qui ne finiſſent jamais.

373.

Le vice ſe maintient bien
plus par nôtre foibleſſe que
par ſa force , & ce qui fait

que la vertu eſt ſi mal ſui-
vie , c'eſt qu'elle n'eſt pas
bien perſuadée.

374.

La reflexion d'un bon pre-
cepte n'eſt pas moins utile,
que l'objet d'un bon exemple.

375.

Comme le veritable Phi-
loſophe , doit enſeigner la
pratique des vertus , plûtoſt
par ſes exemples que par ſes
paroles : on ne ſçauroit être
bien ſon diſciple , qu'en
faiſant ce qu'il fait aprés

O ij

être persuadé de ce qu'il dit.

376.

S'il y a beaucoup de gloire d'enseigner la vertu, il y a bien plus de profit à la pratiquer.

377.

La vertu croît à mesure qu'elle est choquée, semblable à la palme, qui se ieve plus on l'abaisse ; tout ce qu'on peut dire contre elle, ne sert qu'à luy donner plus de brillant, & d'éclat.

378.

La vertu est un flambeau qui n'illumine pas seulement celuy qui la possede, mais encore celuy qui la regarde. Son éclat est si grand, qu'il sert de guide à toutes les actions loüables, & de lumiere dans les plus grandes obscuritez. Il n'y a point de chemin si rude, qu'elle n'affranchisse, & d'entreprise si difficile qu'elle n'execute ; enfin celuy qui la possede est au dessus des miseres de ce monde, & triomphe des injures du temps.

379.

La vertu ne fera jamais fans perfecution, n'y le me-rite fans jaloufie.

380.

Le mépris qu'on fait de la vertu , vient de ce qu'on voit fouvent mifera-bles ceux qui en font pro-feffion.

381.

Si c'eft une haute folie, de combattre ceux qui font fous la protection de Dieu, ce n'en eft pas une moin-

dre de croire qu'on puisse
bien resister sans sa dé-
fense.

382.

Dieu fait souvent peur
aux hommes , afin de les
rendre plus sages , le com-
mencement d'une bonne vie
finit sa colere, & il ne con-
tinuë de nous affliger , que
quand nous continuons de
luy déplaire.

383.

Le desir ardent d'avoir
injustement des biens , est
souvent puny par la perte

de ceux qu'on possede avec
justice.

384.

La fortune caresse sou-
vent ceux qu'elle pretend
trahir, elle ne les couronne
de ses faveurs que pour rendre leurs pertes plus éclatantes ; ensorte que plus les
victimes avancent vers leur
triomphe, plus elles apro-
chent de l'aneantissement
qui les attend.

385.

Comme il y a de belles ap-
parences qui produisent de
mauvais

mauvais effets, il y a aussi
de mauvais effets qui tournent souvent à nôtre avantage.

386.

Le sage ne doit jamais
prononcer qu'un jour est
heureux à cause d'un bon
succez, ny qu'il est mal-
heureux à cause d'une in-
fortune ; l'un étant souvent
l'effet d'un hazard, & l'autre d'un contre-temps.

387.

La vie de la Cour est une
vie masquée, on y pleure

quand on y rit, & on y rit quand on y pleure.

388.

La Cour qui paroît si belle est un païs de precipices, les uns y tombent, quand les autres en sortent ; mais la chûte est d'autant plus dangereuse, que l'élevation est plus grande.

389.

La Cour est le lieu où les passions se produisent le plus, & où elles paroissent le moins. Il semble qu'on y doit prendre les faveurs

pour des disgraces , &
les disgraces pour des faveurs.

390.

Un homme d'esprit doit
regler sa dépense sur sa fortune , & autant que cette
fortune le permettra ne se
point refuser les choses honnétes ; mais qu'il prenne
garde de se faire un plaisir
des superfluës, de peur qu'elles ne le jettent dans l'im-
puissance de se fournir les
necessaires.

391.

Il ne faut jamais être des premiers , ny des derniers à suivre les modes , la trop grande facilité de s'y affujettir erige en ridicule, & la trop grande severité de s'y oppoſer fait tomber dans une autre extremité qui n'eſt pas moins condamnable.

392.

On s'expoſe souvent à paſſer pour ridicule , en voulant trop faire le deli-çat.

393.

On n'aime point dans la focieté les qualitez de ceux qui d'abord fe font faire place , elles rebutent dés lors qu'on les void paroître, & font plûtoft hayr qu'aimer.

394.

Quelque fine , & quelque belle que foit la raillerie , elle ne plaît jamais à ceux qui font raillez.

395.

La raillerie foûtient quel-

quefois la conversation,
mais elle divise quasi toûjours les railleurs, ce qui
doit obliger ceux qui haïs-
sent les querelles de l'éviter comme un piege que
leur esprit tend à leurs repos.

396.

Si l'ambition ne sied pas
bien à la sagesse, l'honneur
ne sied pas mieux à la folie.

397.

L'honneur rendu serieu-
sement à une personne in-

digne d'être honorée, n'est
pas moins une marque de
raillerie, que de l'honneur
rendu par des personnes
qui se mocquent à décou-
vert.

398.

La sincerité dont les de-
hors sont si beaux, n'est souvent qu'une fine dissimulation.

399.

Il est de l'adresse de recevoir avec témoignage d'affection, non seulement ceux
qui nous aiment, mais en-

core ceux que nous haïſſons.
Ces manieres les obligent,
& nous profitent ; au contraire la mauvaiſe mine les
rebute , & ruïne ſouvent
nos affaires.

400.

Comme celuy qui nous a
fait une injure, nous en peut
faire une infinité d'autres, il
eſt bon de l'en ſoupçonner,
& d'être toûjours ſur ſes
gardes.

401.

Il faut ſans ceſſe ſe défier
d'un ennemy reconcilié, &

ne s'arrêter jamais , ny à sa
mine ny à ses caresses : s'il
se courbe & s'humilie de-
vant nous , ce n'est que
comme le Chasseur , qui se
plie , & se couche par
terre pour mieux atraper le
gibier.

401.

On peut opposer à la
douleur quatre sortes de remedes , le temps , le divertissement , la raison , & la
religion: le temps laisse vieil-
lir le mal, le divertissement
le flatte , la raison le com-
bat ; mais la religion luy

commande ; le premier lâ-
che le pied , le second pal-
lie, le troisiéme resiste , mais
avec incertitude du succez,
il n'y a que le quatriéme qui
gourmande la douleur , &
qui parle en maître.

403.

C'est offenser les morts,
que de croire que la douleur
est incompatible avec le
souvenir de la chose aimée,
il vaut mieux n'avoir point
de douleur que de manquer
de memoire , les morts de-
mandent plûtost nôtre souvenir que nos larmes, parce

que l'oubly eſt une eſpece de nouvelle mort.

404.

Rien n'eſt plus propre pour faire revivre nos amis quand ils ſont morts, que la memoire que nous en avons.

405.

Le ſouvenir d'un amy eſt comme un monument vivant, qui triomphe également, & de l'abſence & du tems.

406.

L'abſence eſt une courte mort , comme la mort eſt une longue abſence.

407.

Les larmes ſont aux yeux, ce que les ſoûpirs ſont au cœur , & comme les uns & les autres ne conviennent qu'aux ames foibles , la force des ſages conſiſte en leur reſiſtance , ou du moins en leur moderation.

408.

Les pleurs que les affli-

étions caufent font auffi na-
turels qu'ils font inutils , la
continuation en eft blâmable , & l'excez n'en eft par-
donnable qu'aux femmes ,
& aux enfans.

409.

Ceux qui s'abandonnent
à la trifteffe , n'ont plus
d'amour pour leur reputa-
tion.

410.

L'habitude de pleurer
adoucit l'amertume des larmes,

411.

La tristesse a ses plaisirs, aussi bien que la joye.

412.

Les maux qu'on n'a pas preveus troublent d'avanta ge que ceux qu'on aprehen- doit , de mesme les biens qu'on n'a pas esperez sont infiniment plus doux que ceux qu'on attendoit.

413.

Les peines & les afflictions sont de la nature des choses qui passent de mesme que

les felicitez , & les conten-
temens.

414.

Toutes les fois que l'esperance nous console, la crain-te nous peut affliger ; & quand ces deux passions regnent dans nos ames , le repos ne s'y trouve jamais.

415.

Tout le monde se fie à l'esperance , & tout le monde en est trompé; je ne m'étonne pas si elle meurt avec nous , nous ne sçaurions vivre sans elle.

416.

Sçavoir le tems de vaincre, fait la meilleure partie de la science d'un bon conquerant.

417.

Qu'importe de vaincre par force ou par adreſſe, pourveu qu'on ſoit victorieux.

418.

Les conſervateurs valent bien les conquerans : & l'on peut dire, que l'art de conquerir n'eſt rien, ſans celuy de conſerver.

419. Le

419.

Le secret pour les Con_
querans , c'est de rendre
heureux ceux qui se ren_
dent à leurs armes. Un peu_
ple n'est jamais fâché de
changer d'état , quand il
en trouve un meilleur que
celuy qu'il a quitté.

420.

Rien n'a plus de force
sur les esprits que la gra_
ce de bien dire , les armes,
& la puissance des Roys, ne
font pas quelquefois si re_
doutables que la vehemen_

ce, & l'ardeur d'un homme eloquent, qui a souvent excité les plus lâches à vaincre les plus vaillans.

421.

Pyrrhus disoit, que l'éloquence de Cyneas luy avoit fait plus de conquêtes que la force de ses soldats, & Philippe qu'il avoit eu plus de peine à faire taire l'eloquente Ville d'Athenes, qu'à vaincre l'invincible Sparte.

422.

Comme l'eloquence a la

vertu de chasser les tenebres du mensonge pour introduire la verité, aussi peut-elle produire la verité pour introduire le mensonge.

423.

Il y a une eloquence dans le silence, qui a quelquefois plus de force que l'eloquence des plus excellens Orateurs.

424.

La solide eloquence est celle qui nous apprend à bien parler : comme les paroles se forment de vent, le vent les emporte, si la vertu ne leur donne le poids.

425.

La difficulté de penetrer une matiere, ou quelque grand objet n'en ôte pas le merite, & l'on ne doit pas blâmer ce qu'on n'entend point.

426.

Il y a certaines choses qu'on regarde avec admiration, qu'il ne faut pas toûjours souhaitter d'avoir faites.

427.

La trop grande delica-
teſſe, & la trop grande exa-
ctitude de nos amis nous
éloigne également d'eux.

428.

S'il y a du luxe à recher-
cher les choſes curieuſes, il
n'y a pas moins de folie à ſe
priver des communes.

429.

L'homme peut conſerver
ſon honneur ſans crime,
mais non pas ſans ſoupçon,
il dépend de nous de ne

point faire d'actions mauvaises ; mais d'être soup-
çonnez, c'est une chose qui
dépend d'autruy. Ce mal-
heur vient de la nature cor-
rompuë , qui donne plus
de croyance au mal qu'au
bien.

430.

Un esprit foible & dé-
fiant prend toûjours pour
son compte ce qui regarde
les hommes en general.

431.

Plus l'homme est bon ,
moins il soupçonne les au-

tres de méchanceté.

432.

L'on tire souvent ses en-
nemis du danger , plus par
vanité que par grandeur
d'ame.

433.

L'avantage de se pouvoir
vanger , & de ne le pas faire,
met l'homme au dessus de
l'homme.

434.

Comme c'est quelque-
fois un effet de misericorde
que de punir , c'est aussi

quelquefois une cruauté que de pardonner.

435.

Le mal nuit d'avantage à celuy qui le fait, qu'à celuy qui le souffre.

436.

L'honnéte homme ne se souvient jamais de sa noblesse que pour s'en rendre plus digne, c'est à dire pour devenir plus sage , & plus vertueux.

437.

Le luftre de la naiſſance eſt

est comme un miroir , personne ne se doit considerer
que pour corriger ses dé-
fauts.

438.

Le sage ne se flatte jamais,
la reflexion qu'il fait sur ses
défauts , luy est d'autant
plus agreable qu'elle sert à
les luy corriger.

439.

Qui devient soy-mesme
son censeur, se met à l'abry
de la censure.

R

440.

Un lâche excuse toûjours
fa faute, & un genereux ne
manque jamais de l'avoüer.

441.

Il y a quelquefois de l'a-
vantage dans une perte, la
honte & le regret picquent
plus vivement un cœur que
le defir d'acquerir.

442.

Quand la honte de la cor-
rection eft fenfible, l'efprit
fe difpofe à l'éviter une fe-
conde fois.

443.

Comme l'on ne se releve jamais à moins qu'on ne soit tombé, de mesme beaucoup de gens ne doublent le pas que quand ils en ont fait de mauvais, leur pesanteur produit leur legereté.

444.

Il seroit bon qu'un homme s'imaginât qu'on sçait tout ce qu'il pense, pour n'avoir jamais de pensées indignes de sa condition.

445.

Qui se déregle dans la volonté, s'engage dans la passion ; qui s'abandonne à la passion, s'engage dans l'habitude ; & qui ne resiste pas à l'habitude, s'engage dans la necessité de demeurer dans le mal.

446.

Si l'on sçavoit le pouvoir des mauvaises habitudes, on n'en contracteroit jamais ; c'est une nouvelle nature entée sur la nôtre ; & comme elles se confondent enſemble par la longueur du temps, il eſt preſque impoſſible de les pouvoir des-unir.

. 447.

La prevoyance des hommes eſt peu de choſe, dit Platon, ſi elle n'eſt accompagnée de l'aſſiſtance des Dieux; que les plus ſages & les plus habiles ſe joignent enſemble, ils ſe prepareront ſouvent eux-mêmes le ſujet de leurs malheurs. La raiſon qu'ils nous ont donnée ſert à diſtinguer le bien d'avec le mal; mais ſi nous

R iij

ne sommes soûtenus de leurs
graces , elle n'est pas assez
forte pour nous faire suivre
le chemin que nous devons
tenir.

448.

Comme nous manquons
souvent de courage à souffrir les maux qui nous arri-
vent , nous manquons aussi
quelquefois de jugement
pour conserver les biens
que nous possedons.

449.

On pert les biens comme
on les possede , si on les

poſſede avec trop d'atta-
chement , on les perd avec
trop de douleur.

450.

Les favoris aiment d'or-
dinaire plus leur avance-
ment que le bien de leur
maiſtre , quoy que le bien
de leur maiſtre ſoit le pretexte de l'amour qu'ils ont
pour leur avancement.

451.

Rien ne doit plus inquie-
ter un favory que ſa faveur,
plus elle eſt grande , plus
elle luy attire d'ennemis : la

jaloufie & l'envie n'épargnent rien pour la détruire.

452.

La complaifance , & la difcretion font les veritables fauvegardes de la faveur. Les favoris n'auroient jamais de difgraces s'ils n'étoient jamais indifcrets , & s'ils faifoient du bien à tout le monde.

453.

Une haute fortune eft toûjours plus affeurée lorfque le merite la fait naître, que lorfque la faveur s'en eft mélee.

454.

Le plus grand merite eſt ſouvent inutile, s'il n'eſt appuyé de la faveur.

455.

Un favory doit toûjours appuyer ſa faveur de l'augmentation de ſon merite, ou de ſçavoir plaire de plus en plus.

456.

Quelque diſgrace qu'il arrive à un favory, il eſt bien mal-aiſé que celuy qui l'a veritablement honnoré de fa faveur , luy refufe au moins dans fon cœur quelque fouvenir avantageux.

457.

Il y a peu de favoris qui profitent du malheur de leurs femblables. Leurs faveurs les éblouïr trop , & l'on diroit que la difgrace feroit neceffairement attachée à leur eftat par des refforts qui ne font connus qu'à la premiere intelligence.

458.

L'on ne peut jamais être

trop sçavant, ny trop ha-
bile en l'art de feindre.

459.

Qui sçait bien déguiser
ses sentimens, & ne donner
jour à ses pensées qu'à propos, n'a pas de peine à découvrir ce qui se passe dans
le cœur des personnes à qui
il parle.

460.

Il est impossible, quand
on aime, de laisser croire
que l'on hait.

461.

Sans blesser le respect
qu'on doit aux fins politiques , on peut les appeller
les Prothées , & les Came-
leons des Empires , puis-
qu'ils tiennent en quelque
maniere de leur nature.

462.

Le premier pas de la for-
tune , est ordinairement la
dissimulation.

463.

On ne doit cesser de dis-
simuler , que quand on

a ce qu'on fouhaite, & c'eſt
particulierement dans les
occaſions , où l'on brigue
quelque choſe , qu'on doit
avoir de la reſerve , meſme
pour ſes amis , ſans qu'ils
doivent s'en offenſer.

464.

La diſſimulation n'a pas
de plus beau maſque , ny
de plus belle parure , que
la ſincerité la mieux imi-
tée , & la plus belle en apparence.

465.

Qui ſçait bien diſſimuler,

est rarement la dupe de ceux
qui voudroient le duper ou
le surprendre.

466.

L'on n'est jamais sçavant
en l'art de feindre, que lors
qu'à force de dissimuler, on
se cache quelquefois ses sentimens à soy-mesme, de
peur de les éventer trop tôt.

467.

L'on n'est jamais trop ardent à soûtenir les interests
de son Prince, la gloire
qu'il y a à le faire est si
grande, qu'il n'y en a pres-

que pas au dessus de celle-là.

468.

Il est glorieux aux Souverains d'avoir des sujets opu-
lents , quand ils sont d'ailleurs bien soûmis.

469.

Celuy qui aime , & qui
cesse d'aimer, n'a jamais bien
aimé.

470.

Une belle ne veut être aimée , que pour n'aimer pas
en vain.

471.

L'on ne garde pas long-
temps un air sauvage , &
farouche quand on a un
Amant qui plaît , ou qu'on
croit qu'il pourra plaire.

472.

Dans l'amoureux empire
Tout se laisse enflamer ,
On ne craint point d'aimer :
Mais on craint de le dire.

473.

La delicatesse en fait d'a-
mour fait tout prendre pour
des outrages , lorsque la
tendresse

tendresse est outragée.

474.

Le caractere d'Amant, &
d'Amante , marque trop
pour n'être pas distingué.

475.

Les yeux ont beau parler
à un cœur, il n'entendra pas
leur langage , s'il n'a jamais
écouté celuy de l'amour.

476.

C'est assez de nous défendre d'aimer, pour nous obliger à aimer davantage.

S

477.

Si nous voulons être ai-
mez , ayons foin qu'on ne
foupçonne pas que nous
croyons le devoir être.

478.

Une amitié intereffée eft
fort fujette au changement,
celle qui ne l'eft pas, & qui
a pour principe ce je ne fçay
quoy tant vanté dure eter-
nellement.

479.

Les éclairciffemens , fur
quelque rapport que ce foit,

ne valent jamais rien, particulierement pour des perfonnes qui font, ou qui ont
été amis ; fur tout quand il
n'y a point d'autres témoins
des chofes qui fe font paf-
fées, que ceux qui les rap-
portent.

480.

Ce n'eft pas un mauvais
moyen pour arriver à ce
qu'on fouhaite, que de dire
quelquefois des chofes qui
femblent nous faire paffer
pour indifcrets. Les perfonnes qui n'ont point de delicateffe y font fouvent

trompées, en prenant pour
sincerité, ce que les autres
ne prennent que pour in-
discretion, & qui cependant
ne l'est pas, mais l'effet d'une
fort grande adresse, puisque
nous ne faisons cela que
pour mieux obtenir ce que
nous souhaitons.

481.

Quelque difficulté qu'on
trouve dans les affaires, on
ne doit jamais rien negliger
pour les pousser à bout, il
vaut mieux faire mille choses inutiles que d'en manquer une seule necessaire au
succez.

482.

L'esprit a ses jours, comme chaque chose à son é-
toile, lorsqu'on est de jour
on n'en doit perdre aucun
moment, ceux qui n'en profitent pas, ne le doivent
imputer qu'à eux-mesmes.

483.

Encore que chaque étoile
ait son influence particu-
liere, & que leurs bons &
leurs mauvais aspects dé-
pendent d'une destinée dont
les Payens ont dit que Jupiter avoit rendu les Loix

inviolables ; neanmoins
comme les Astres nous re-
gardent d un mesme œil
que le Ciel , pourvû que
celuy-cy nous soit favorable , les autres nous le se-
ront aussi.

484.

Comme c'est un fort grand
mal de se réjoüir du mal
d'autruy, il n'est point d'inquietude pareille à celle que
la tranquillité de nôtre prochain nous cause , puisque
nous fournissons matiere au
temps de nous affliger à
toute heure.

485.

On ne peut aſſez con-
damner les perſonnes qui ſe
fâchent toûjours des diſ-
cours deſavantageux qu'on
tient d'eux ; comme on ne
ſçauroit aſſez blâmer les
gens qui ne ſe laſſent jamais d'entendre leurs loüanges.

486.

Ne promets que ce que
tu veux tenir , & quand
tu és dans l'impoſſibili-
té d'accorder ce qu'on te
demande , corrige par des

careſſes l'amertume de ton refus.

487.

Le diſcernement en matiere de loüange eſt de grande conſequence , & l'on ne ſe rend jamais plus ridicule que quand on loüe les eſprits vulgaires de la meſme ſorte que les plus ſublimes, & les plus rares.

488.

Que ſert-il d'être ferme, ſi on ne s'éleve , & de s'élever, ſi on n'eſt ferme pour ſe ſoûtenir.

489. Les

489.

Les mariages de coquet-
terie reſſemblent ordinairement à celuy de Venus &
de Vulcain; ils ont quelques
delices dans le commence-
ment, mais ce n'eſt qu'un
feu de paille ; ce ſont des
mariages comiques d'a-
bord, & qui deviennent
ſouvent tragiques à la fin.

490.

Le preſent d'une choſe
qui eſt à nôtre uſage ; nous
plaît infiniment plus qu'-
une de plus grand prix.

T.

491.

La liberté a quelque chose
de si doux, que lors qu'on
l'a ôtée, il n'y a presque pas
de moyen dont l'esprit ne
s'avise pour nous la faire recouvrer.

492.

L'homme est né libre : &
la liberté luy doit être plus
chere que sa vie qui n'est
rien sans elle.

493.

La liberté est quelquefois
la cause de nos plus grands

maux, & souvent aussi celle qui nous conduit au comble du bon-heur.

494.

La plus haute fortune,
sans la liberté, n'est qu'un
vray malheur de quelque
côté qu'on l'envisage.

495.

Le cœur de l'homme est
libre, & quand il ne se donne pas luy-mesme, rien ne
le peut gagner.

496.

Il n'y a pas d'action humaine, qui demande plus de precaution que l'engagement de nôtre liberté.

497.

Quand l'esperance de la liberté nous flate, il n'y a rien qui nous paroisse impossible, les prisons les mieux fermées, & les plus fortes peuvent nous être ouvertes avec le temps, aussi bien que les cachots les plus profonds ; pourveu que nôtre esprit ne s'affoiblisse point par les rigueurs d'une severe captivité.

498.

La perseverance change tôt ou tard, la plus grande rigueur en tendresse.

499.

L'amour est bien foible, qui se trouve partagé ; & l'on peut justement l'appeller l'amour à la cavaliere, qui prend les cœurs pour des gîtes de passage.

500.

L'amour des personnes qui passent pour faire profession de vertu, est bien plus ardent que celuy des Amans ordinaires.

501.

Le soupçon est autant inseparable des Amans, que la haine l'est des ennemis irreconciliables.

502.

Pour sçavoir ce que c'est que la liberté, il faut l'avoir engagée mal à propos, ou l'avoir perduë par la captivité, autrement on n'en peut parler qu'avec incertitude, les mesmes choses sont absolument necessaires pour sçavoir quel eſt le plaiſir que l'on goûte , lors qu'aprés l'avoir perduë , on vient à le recouvrer.

503.

Il n'y a point d'homme qui puiſſe être nommé libre, que celuy qui vit comme il veut.

504.

Les grands Politiques ne ſçauroient avoir trop de gens qui leur fourniſſent des lumieres , patticulierement quand les Souverains leurs confient une partie des ſoins de leurs Eſtats.

505.

Chacun fait consister la qualité d'honneste homme dans ce qui favorise le plus son inclination.

506.

C'est en vain qu'on tire sa Noblesse de l'ancienneté du nom qu'on porte , tous les hommes sont de la race d'Adam.

507.

Rien n'est plus noble que la qualité d'honneste homme ; ce titre est bien plus glorieux que celuy que la fortune peut donner.

508.

Les desirs, les resolutions, & les entreprises, n'ont point de plus puissans ennemis que la honte.

509.

Le fin de la meilleure politique est de passer quelquefois pour avoir peu d'esprit, quoy qu'on en ait infiniment.

510.

Il ne faut jamais faire

connoître le premier ſes
ſentimens, quand on parle
à des gens d'eſprit.

511.

Le grand merite eſt quel-
quefois l'artiſan du dernier
malheur, comme il eſt ſouvent celuy du premier bon-
heur.

512.

Nôtre merite nous rend
ſouvent criminels, & ſe
trouvant en nous ſans au-
cun vice, il nous en tient
lieu à l'égard des autres.

513.

La débauche attire aprés elle de si fâcheuses suites, qu'elles nous fait souvent tomber dans les derniers malheurs, & nenous laisse le souvenir de nôtre bon-heur passé, que pour nous tourmenter plus cruellemment.

514.

Nos cœurs sont ordinairement ceux qui nous trahissent les premiers, aussi bien que nos yeux.

515.

L'amour ne cede en rien au temps pour faire, comme luy, des changemens, & des metamorphoses.

516.

Un des talens de la fortune est de se joüer de la vertu.

517.

Comme la fortune n'est jamais fixe, il ne fait pas bon l'attendre dans le repos ; il faut aller au devant d'elle, quand on ne

peut l'arrêter , ny par derriere , ny par les côtez.

518.

Il est bien difficile , qu'on
ne fasse quelque fortune ,
lorsque l'on se sert de plusieurs moyens pour cet effet.

519.

Qui pretend faire sa fortune,
Ne doit jamais se rebuter,
Il doit risquer , il doit tenter;
Le destin veut qu'on l'impor-
tune.

520.

Il n'y a rien de si difficile
à attraper que la fortune,
mais aussi quand une fois
on a prise sur elle , & que
l'on sçait la ménager , on
devient en peu de temps;
& de ses mignons, & de ses
favoris.

521.

Il est plus aisé de ména-
ger son indignation que
son amour.

522.

La tendresse & la mélan-

cholie irritez font fujettes
à fe changer en fureur , ou
en folie , & font les caufes
les plus ordinaires du defefpoir.

523.

Quand le defefpoir ne
fait que de naître , il brave
fouvent la difgrace , &
fait fortir quelquefois d'un
grand malheur le commen-
cement d'une felicité.

524.

Le defefpoir met des aîles
aux pieds , & aux mains ;

& donna des forces aux
corps les plus foibles.

525.

La vanité est inseparable
de la beauté , il semble
qu'elle soit gagée d'elle
pour la faire paroître avec
plus de lustre , & d'éclat.

526.

La vanité est si fine & si
adroite qu'elle se cache souvent sous le visage de la
vertu , mesme la plus mo-
deste & la plus austere.

527. Nous

527.

Nous condamnons fou-
vent des fentimens que nous
approuverions fi nous ne
les trouvions dans nos ennemis ; quand ils feroient
les plus équitables, ils nous
paroiffent les plus criminels.

528.

Le propre de la vieilleffe,
eft de plaindre le prefent,
de vanter le paffé, & de
craindre l'avenir.

V

529.

Les cheveux blancs fra-
pent également nos yeux &
nos oreilles : ce sont autant
de trompettes qui sonnent
la retraite.

530.

Une belle ame est toû-
jours plus indulgente pour
les autres que pour elle-
mesme, elle ne sçait ce que
c'est de s'ériger en Juge,
& de faire le procez aux
actions de personne.

531.

C'est quelque chose de si commun, & de si fin que l'interest, qu'il est toûjours le premier mobile de nos actions, le dernier point de veuë de nos entreprises, & le compagnon inseparable du des-interessement.

532.

Les plus belles sont si jalouses de leur beauté, que fort souvent elles ne veulent des Amans que pour en rendre témoignage.

533.

Il est fort naturel de croi
re innocent celuy qu'on a
interest qu'il ne soit pas coupable.

534.

Une fausse & trompeuse
innocence, n'est pas inno-
cente, une fausse & trom-
peuse justice n'est pas Justice, mais une double injustice: parce qu'il y a tout
ensemble injustice & trom-
perie.

535.

Le secret est la pierre de touche de la fidelité, qui peut être infidelle sur le moindre secret, le peut être sur celuy de la plus grande consequence.

536.

On voit ordinairement que les amis timides voudroient ne sçavoir pas ce qu'on leur a confiez, de crainte de se voir forcez de le reveler dans l'occasion. Il est vray que cela procede d'une fidelité, mais qui tend à l'infidelité ; l'on ne doit donc choisir que des gens d'esprit , d'entreprise, & de resolution , en un mot de grandes ames , pour leur faire des confidances. L'on ne risque presque pas en les leurs faisant , un de leurs caracteres estant de ne trahir jamais personne pour quelque chose que ce soit.

537.

Il n'y eût jamais de meilleurs amis , ny de plus sçavans Philosophes , que la raison & le bon sens.

538.

L'homme le plus raison-
nable ne sçauroit si bien se
rendre maistre de sa raison,
qu'elle ne soit quelquefois
rebelle à ses ordres. C'est
une volage qui ne peut demeurer en repos ; nous la
croyons souvent chez nous
qu'elle en est absente , &
mesme si éloignée qu'el-
le n'y sçauroit revenir de
long-temps.

539.

La folie precede toûjours
la sagesse , on ne connoît

celle-cy que par l'autre ; il faut s'être égaré avant que de se mettre dans le bon chemin.

540.

La folie est si commune dans le monde, que chacun la découvre tour à tour dans son semblable sous des visages differens.

541.

Chacun tâche à tous momens d'ériger sa folie en sagesse, & ses défauts en perfections.

542. Qui

342.

Qui s'écarte du chemin de la fageffe , doit s'attendre à de grandes folies.

543.

Plus on a de l'efprit, plus on doit craindre la folie , à force de vouloir trop penetrer , & aprofondir les chofes ; on fe forme quelquefois mille penfées chimeriques qui ne fervent qu'à gâter l'efprit , & à perdre le jugement.

544.

On fait fouvent par fim-
X

plicité , ce qu'on ne feroit point par vertu. L'ignorance sur ce fait est plus sçavante que la science même.

545.

On ne peut jamais prendre trop de mesure avec les personnes qui n'ont point d'autre religion , que celle de n'en point avoir.

546.

C'est toûjours un bon moyen pour vaincre une passion , que de la combattre par une autre.

547.

Il n'y a perſonne au mon-
de qui ſe reſigne mieux à la
volonté de Dieu , qu'une
veuve galante , ſur la mort
arrivée , ou future de ſon
époux , qu'elle aime ſi ten-
drement luy dit-elle.

548.

On aime bien ſouvent
par neceſſité, ce qu'on voudroit n'avoir jamais veû n'y
connû.

549.

Les grands. Conquerans

font ordinairement hon-
teux d'une victoire de peu
de confequence.

550.

La langueur eft la fille aî-
née de l'oifiveté , la premiere favorite de l'amour,
& celle qui fçait le mieux
donner le branle à tous les
mouvemens de la tendreffe.

551.

L'intrigue eft la fidelle
affociée de l'ambition , le
principal organe de l'inte-
reft, la furveillante de tous
les Eftats du monde , & la

premiere esclave de toutes les paffions.

552.

L'intrigue toute esclave, qu'elle eft, ne laiffe pas d'avoir fes fujets , & fes favoris ; elle leur fait ordinairement du bien , comme intendante de la fortune.

553.

Les belles actions éclattent fi haut, qu'elles fe font entendre de tout le monde, encore qu'elles confiftent en fait , elles fe changent en voix pour publier par

tout la gloire qui les ac-
compagne.

554.

Les vertueux ont beau se
cacher , leur modestie les
découvre : comme la vertu
n'est que lumiere , elle porte
le jour avec soy.

555.

Qui veut accoûtumer des
soldats à la fatigue , doit
montrer par ses actions,
qu'il ne la craint pas luy-
même.

556.

Un bon exemple eſt le germe de mille bonnes actions. Themiſtocle, tout courageux qu'il étoit, n'auroit peut-être jamais rien fait ſi les trophées de Milthiade ne lui euſſent donné de l'émulation.

557.

L'exemple a bien plus de pouvoir ſur l'eſprit que les paroles, les hommes, comme dit Seneque, ajouſtent plus de foy à leurs yeux qu'à leurs oreilles , & croyent plûtoſt ce qu'ils voyent, que ce qu'ils entendent.

558.

Il faut eſtre prompt ſans emportement, vigilant ſans inquîetude, hardy ſans te-merité, civil ſans baſſeſſe, complaiſant ſans flaterie, modeſte ſans timidité, de-vot ſans bigoterie, habile ſans preſomption, adroit ſans fourberie, liberal ſans profuſion.

F I N.

37985 70
graphicom

www.ingramcontent.com/pod-product-compliance
Ingram Content Group UK Ltd.
Pitfield, Milton Keynes, MK11 3LW, UK
UKHW020554230726
13926UKWH00005B/2013